JN434696

| 정브르

130만 구독자를 보유한 생물 크리에이터. 곤충과 파충류부터 바다생물까지 다양한 생물을 소개하는 참신한 콘텐츠를 선보이며 생물 전문 크리에이터로 큰 사랑을 받고 있답니다. 유튜브 채널에서 동물 사육, 채집, 과학 실험 등의 재미있고 유익한 영상을 소개하고 있으며, 도서와 영화를 통해 고유의 콘텐츠와 더불어 동물을 사랑하는 마음까지 대중에게 알리고 있어요.

1판 1쇄 발행 2023년 5월 1일
1판 3쇄 발행 2023년 8월 1일

발행인 | 심정섭
편집인 | 안예남
편집장 | 최영미
편집자 | 손유라
브랜드마케팅 | 김지선
출판마케팅 | 홍성현, 김호현
제작 | 정수호

발행처 | (주)서울문화사
등록일 | 1988년 2월 16일
등록번호 | 제 2-484
주소 | 서울특별시 용산구 새창로 221-19
전화 편집 | 02-799-9375 **출판마케팅** | 02-791-0708
본문 구성 | 덕윤웨이브 **디자인** | 권빈

ISBN 979-11-6923-746-8
979-11-6438-488-4 (세트)

생생체험 자연관찰
정브르의
아마존 일기
지음 정브르
감수 샌드박스네트워크
브르와 함께 떠나는
아마존 정글 탐험!
서울문화사

차례

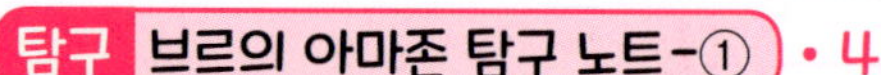

탐구 브르의 아마존 탐구 노트-① • 4

1화. 브르, 아마존으로 떠나다! • 6

아마존의 동물 보호소 • 12

2화. 폭우를 뚫고 피라냐 낚시를 가다! • 22

아마존 정글 탐험! • 29

놀이 브르의 다른 그림 찾기 • 38

3화. 무시무시한 타란툴라 • 40

아마존강에서 낚시를! • 47

4화. 페트병 트랩 설치하기 • 56

군대개미를 찾아라! • 64

5화. 생닭 통발을 던지면 생기는 일-① • 72

생존을 위해 먹는 생물? • 80

놀이 브르의 미로 찾기 • 88

6화. 브르의 신나는 야간 탐사 • 90

브르가 애타게 찾는 곤충은? • 97

탐구 브르의 아마존 탐구 노트-② • 106

7화. 생닭 통발을 던지면 생기는 일-② • 108

전기뱀장어를 만날 수 있을까? • 115

8화. 드디어 발견! 아마존 최강 곤충은? • 124

안녕, 아마존! • 132

놀이 브르의 숨은 그림 찾기 • 140

정답 • 142

브르의 아마존 탐구 노트-①

가장 큰 열대 우림 아마존

아마존강돌고래

커다란 강, 아마존강

남아메리카에 위치한 아마존강은 *면적이 약 7,050㎢으로 세계에서 가장 커다란 강이에요. 길이는 약 6,679㎞로 세계에서 가장 긴 나일강 다음으로 기다란 강이지요. 아마존강은 브라질 북부, 페루, 콜롬비아 등 남아메리카의 여러 국가에 걸쳐 있어요.

지구의 허파, 아마존 열대 우림

거대한 아마존강 주변의 아마존 열대 우림은 지구에서 가장 커다란 규모의 열대 우림이에요. 아마존 열대 우림의 울창한 나무숲은 이산화 탄소를 흡수하고 지구의 산소를 20% 이상 만들어 '지구의 허파'라고도 불리죠. 아마존 열대 우림에는 50만 종 이상의 동식물이 살고 있어요.

*면적: 공간을 차지하는 넓이의 크기

눈물의 땅, 아마존

1541년, 신대륙을 다녀온 사람들에게 전설로 여겨지던 황금 도시 '엘도라도'를 찾으러 떠난 '피사로'의 에스파냐 원정대가 항해 중에 강을 발견했어요. 피사로의 사촌인 '오레야나'는 이 강을 탐사하며 원주민의 공격을 여러 번 받았지요. 그 과정에서 활을 쏘며 대항하는 여전사들을 마주했는데, 이들의 모습이 그리스 로마 신화의 여전사, '아마조네스'처럼 느껴졌대요. 그래서 강의 이름을 '아마존'이라 붙여 주었어요.

아마존이 유럽인들에게 발견된 이후, 평화로웠던 아마존은 눈물의 땅으로 변하게 돼요. 아마존에 살고 있었던 원주민들은 침략자들이 아마존으로 가져온 감염병으로 고통받고, 과도한 개발 때문에 산림이 황폐해지기도 했지요. 결국 자연이 보존되어 있던 아마존 열대 우림과 아마존강은 눈물의 땅이 되고 말았어요.

비행기를 타고 여행을 시작한 브르!
브르는 어디를 가고 있는 걸까?

또 비행기를 타고 아마존 여행이 본격적으로 시작되는 *이키토스로 가요.

아마존 탐험, 시작합니다~!

*이키토스: 아마존강 상류에 있는 페루의 도시.

아마존강은
몇 날 며칠 동안
배를 타고 이동할 수
있을 정도로 굉장히
길어요.
널찍
강을
건너기 위해
배를 타러
왔어요.
항구
KUMAMA RESTOBAR FLOTANTE
지금은 건기라
물이 빠졌는데,
우기 때는
이곳이 물로
가득 찬다고
해요.
이제 배를
타고 1시간 넘게
이동합니다!
7박 8일 동안
아마존 정글에서
생활할
예정이에요.
두근
어떤 친구들을 만나게 될까요?

첫 번째 투어가 시작되었어요.
반갑습니다!

원주민의 전통 의식에
참여한 브르!
삐리리
잘
어울리죠?
최고

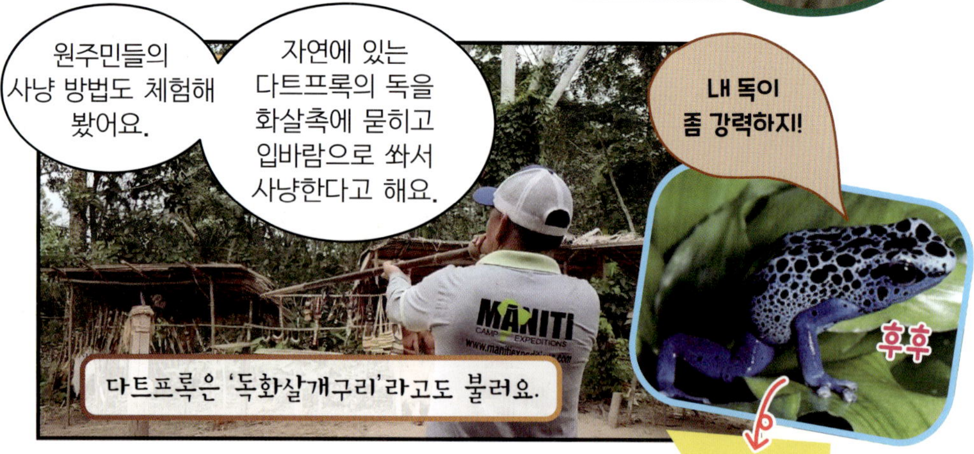
원주민들의
사냥 방법도 체험해
봤어요.
자연에 있는
다트프록의 독을
화살촉에 묻히고
입바람으로 쏴서
사냥한다고 해요.
다트프록은 '독화살개구리'라고도 불러요.
내 독이
좀 강력하지!
후후
다트프록

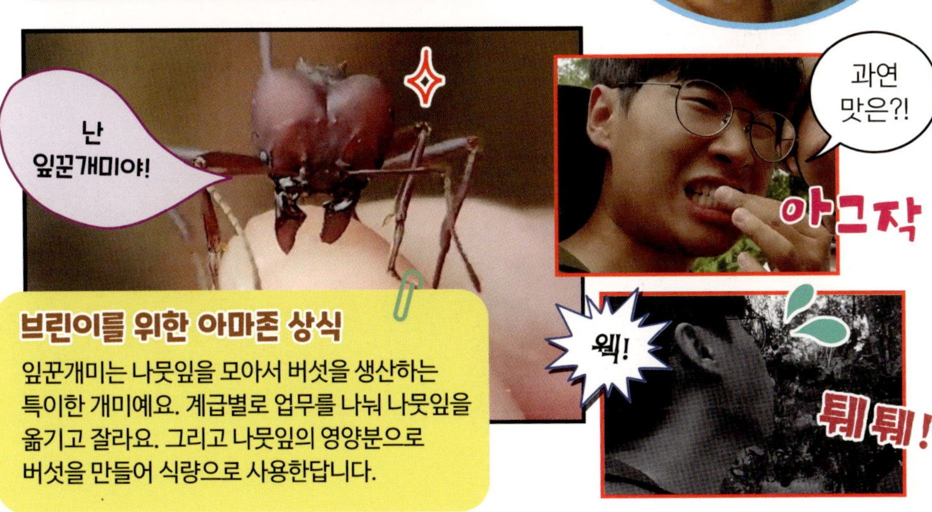

브린이를 위한 아마존 상식

잎꾼개미는 나뭇잎을 모아서 버섯을 생산하는 특이한 개미예요. 계급별로 업무를 나눠 나뭇잎을 옮기고 잘라요. 그리고 나뭇잎의 영양분으로 버섯을 만들어 식량으로 사용한답니다.

저벅

이틀 동안
다른 멤버들과 함께
아마존 투어를
할 거예요.
본격적으로
정글에 들어가고
있는데, 어떤 친구들을
만날지 무척
기대됩니다.
저벅

뾰족
덜덜
와, 나무가 엄청 뾰족해요.

나무도 정말
거대합니다!
거대

가이드님이
뭔가 발견하셨나
봐요.
슥 슥
짜잔
우아!
총알개미

남미 열대 우림에 사는 총알개미는 '콩가개미'라고도 불러요.

굉장히 전투적이고, 개체 수가 적어요.

내가 얼마나 무서운데!

세계에서 가장 큰 개미 중 하나라고 하죠.

엉덩이에서 침이 나오는데, 여기에 쏘이면 최소 이틀은 굉장히 고통스럽대요.

쏘이지 않게 조심해!

덥고 습해서 온몸이 젖었어요. 역시 이곳은 아마존이군요.

삘삘

도마뱀도 만났어요. 몸 색깔이 참 예쁘네요.

얌전

아마존에 온 걸 환영해!

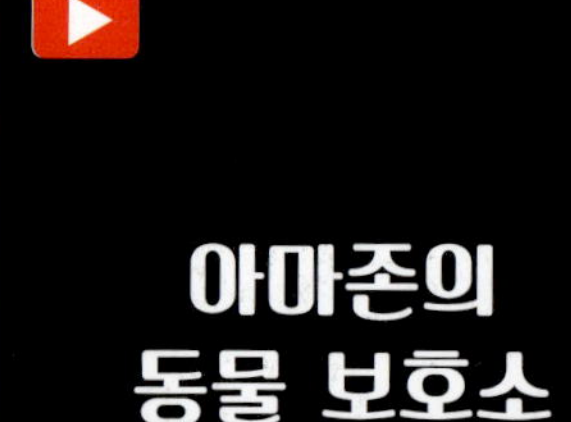

브린이를 위한 아마존 상식

'노래기'라고도 불리는 밀리패드는 고약한 냄새를 풍기고 습한 곳을 좋아해요. 몸길이가 2mm인 작은 개체부터 28cm 이상 자라는 커다란 개체까지 다양해요.

나랑
놀자~!
저 귀여운 뒷모습은…!
귀여운 앵무
안녕?
반가워!

이쪽에는
거북 친구들이
모여 있네요!
옹기종기
멸종 위기
동물인 육지 거북,
옐로우풋이에요!

딱 봐도
거대해 보이는
친구 발견!
촤아악!
갸우뚱
뭐야??

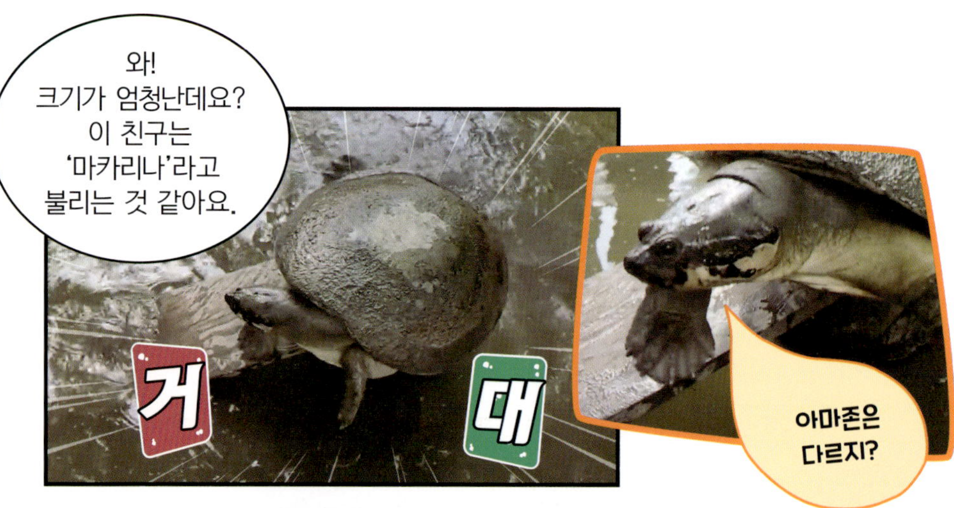

착악

두근

이번에 만나 볼 친구는…!

두

둥

마타마타거북!

안녕?

수

줍

내가 좀
독특하게
생겼지?

브린이를 위한 아마존 상식

마타마타거북은 등딱지가
30~40cm까지 자라는 대형 거북이에요.
물속에서 물고기를 잡아먹으며 살고,
물 밖으로 거의 올라오지 않아요.
길게 튀어나온 코로 숨을 쉬지요.

감쪽같지?
마타마타거북은 생김새가 낙엽과 비슷하여 낙엽으로 위장해서 사냥한다고 해요.
자연에서 자란 친구라서 등딱지 색깔이 어둡고 굉장히 거칩니다.

배 쪽은 정말 낙엽색 같네요.
버둥
버둥
브르의 핸들링 시간~!

감탄
지금도 크지만, 이 친구는 나중에 몸집이 더 커질 거예요.
다 봤으면 내려 줘!

쪽
쪽
다음에
또 만나자!
아이 참,
쑥스럽구만~.

와,
새끼 악어도
있어요.
앙
증
정말 귀엽죠~?
귀엽다니!
난 무서운
악어다!

두
둥
저 거대한 생명체는 누구?
우아!
아
나
콘
다

브린이를 위한 아마존 상식

아나콘다는 동물과 사람을 구분할 수 있는 지능이 있고, 성격이 온순해서 사람을 거의 공격하지 않아요. 먹이를 잡을 땐 긴 몸통으로 먹잇감을 졸라서 제압해요.

커다란 부리를
가진 이 친구는
'왕부리새과'에
속하는데,
부리 안에
모세 혈관이 있어서,
부리에 상처를 입으면
심한 고통을
느낀다고 해요.
내 부리
정말 멋지지?

또 만나!
다행히도
부리는 무척
가볍다고 해요.
너무 예쁘죠~?

느릿~
느릿~
나무늘보다!
초롱
나…
불렀어?
초롱

제가
한번 안아
보겠습니다!
꼬
옥
아
늑
여기···
편하네···.
쿠울···.
제 품에서
잠이
들었네요.
엉덩이도
정말 귀엽죠?
토
실
토
실
나도
안길래!
터
억
깜짝
앗!
그래, 너도
업어 줄게!
브르의 육아 체험 학습?!

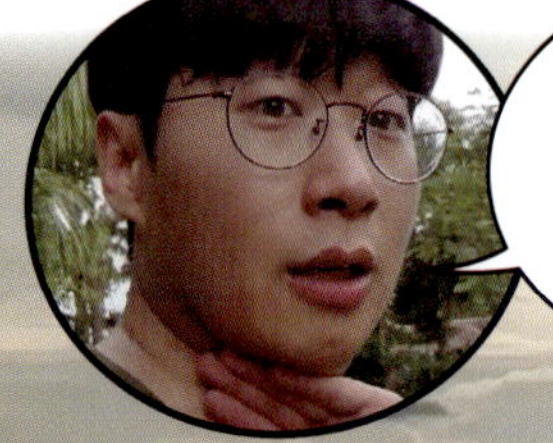

어느새 노을이 지는
아마존!

정브르의 생물 탐구

거북은 평균 수명이 긴 파충류 중 하나예요.
땅 위에서 생활하는 육지 거북은 다리가 굵고 튼튼하고,
바다에서 생활하는 바다 거북은 다리가 지느러미처럼 생겼지요.

영상으로 확인해 봐요!

⋆정브르의 생물 탐구⋆

생물 이름: 매부리바다거북

입이 매의 부리처럼 뾰족해서 '매부리'라는 이름을 가지게 되었어요.
매부리바다거북의 등딱지를 노린 무분별한 사냥과 환경 오염으로 인해 지금은 멸종 위기 동물로 분류되고 있어요.

⋆정브르의 생물 탐구⋆

생물 이름: 뱀목거북

뱀목거북은 바다에서 생활하는 수생 거북으로, 목이 뱀처럼 길어서 '뱀목거북'이라는 이름을 가지게 되었어요.
그래서 머리를 등딱지 속에 넣을 때 목을 옆으로 구부려서 넣지요.

영상으로 확인해 봐요!

폭우를 뚫고 피라냐 낚시를 가다!

피라냐 낚시를 가기 전에 어딘가에 들렀는데⋯.

숲으로 들어가는 일행들

어?! 원숭이다!

바나나 냄새가 나는데?

짜 잔

원숭이한테 바나나를 줘 볼게요.

제가 준
바나나를
다 먹고 땅에
내려오더니….
스 윽

자, 이제
마음껏
사진 찍어!
오?
뭘 좀 아는 인싸 원숭이구나?

냠 냠
아기 원숭이가
사람 팔 위에 올라가서
바나나를 먹고
있어요.
나랑
놀아 줘!
넌
나한테
집중해!

그래,
같이 놀자.
브르에게도 올라탄 원숭이!

룰 루 랄 라
이 친구들은
사람에게 경계심이
없어서 정말
신기하네요!

이제 본격적으로 피라냐 낚시를 하러 갑니다!

낚싯배를 타러 가는 중!

어라? 엄청 간단해 보이는데, 이게 낚싯대래요.

낚싯대

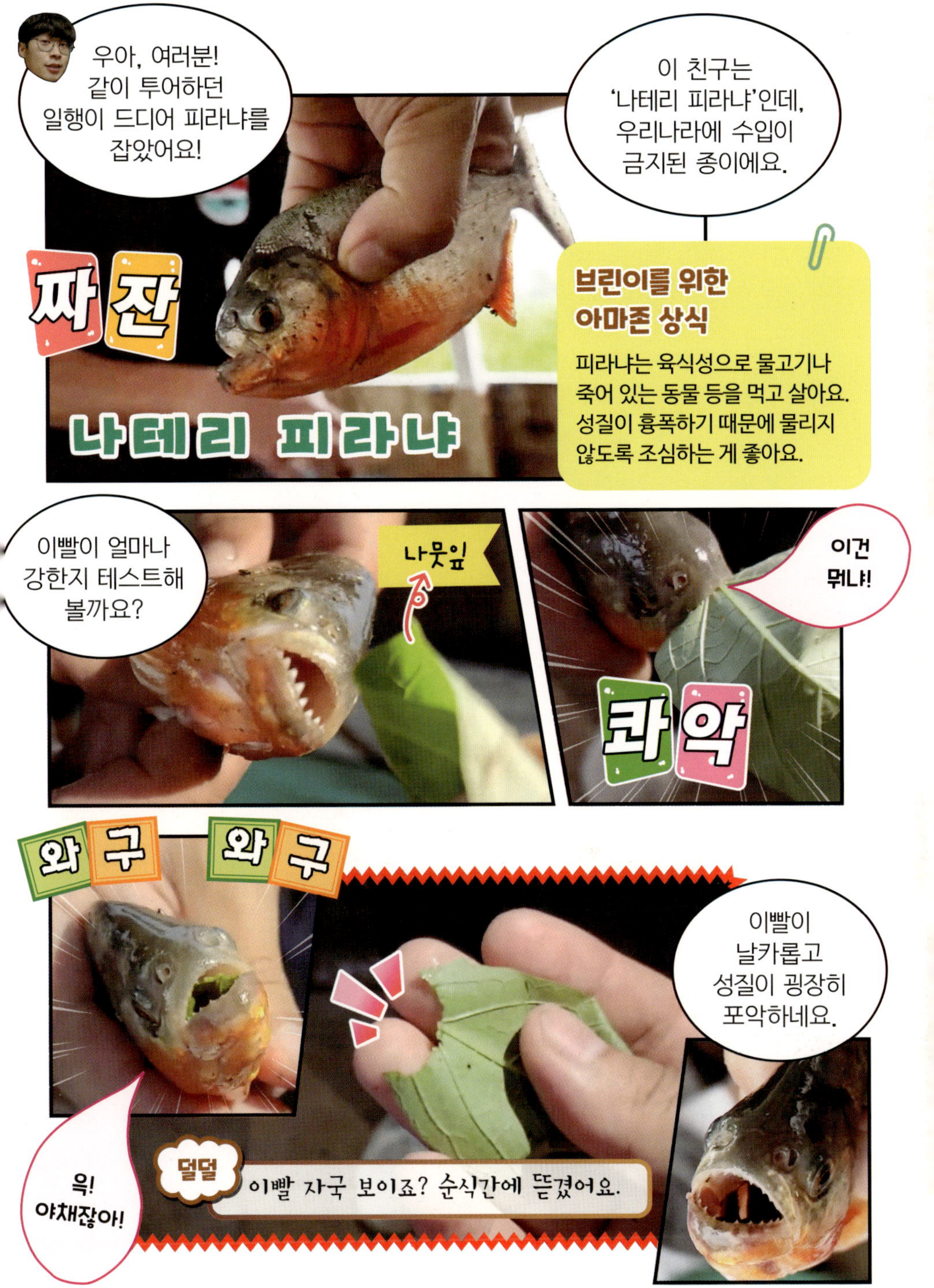

우아, 여러분!
같이 투어하던
일행이 드디어 피라냐를
잡았어요!

이 친구는
'나테리 피라냐'인데,
우리나라에 수입이
금지된 종이에요.

짜 잔

나테리 피라냐

브린이를 위한 아마존 상식

피라냐는 육식성으로 물고기나 죽어 있는 동물 등을 먹고 살아요. 성질이 흉폭하기 때문에 물리지 않도록 조심하는 게 좋아요.

이빨이 얼마나
강한지 테스트해
볼까요?

나뭇잎

이건
뭐냐!

콰 악

첨벙
첨벙
첨벙
ㅠㅠ
낚시가 생각보다 어려워요.
미끼를 물었다!
피라냐를 또 잡은 일행?
낚이다니!
와! 부럽다!
짜잔
브르의 서포트!
바늘을 빼 줄게요.
덜덜
와, 이빨 뾰족한 거 봐.
억울하도다!
다시 봐도 피라냐는 무섭네요.

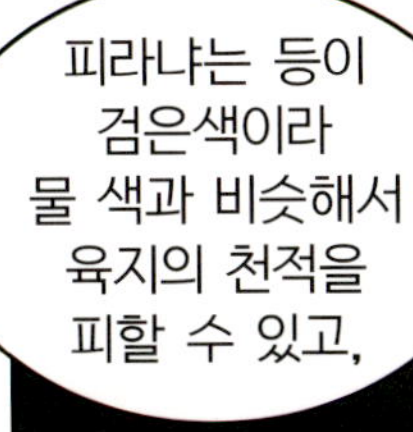

브린이를 위한 아마존 상식

보호색이란 풀, 나무 등 자연과 비슷한 색깔로 자신을 숨길 수 있는 색을 뜻해요. 천적에게서 몸을 숨기거나 먹잇감에게 조용히 접근할 때 유용하게 활용돼요.

먼저 칼로 문질러서 비늘을 벗겨 줘요.

중간중간 칼집을 내고 사이에 소금을 넣어요.

소금 팍팍

손질한 피라냐를 그릴에 얹어 줍니다.

노릇 노릇

과연 맛은?!

와그작

대만족

비린내도 안 나고 진짜 맛있어요!

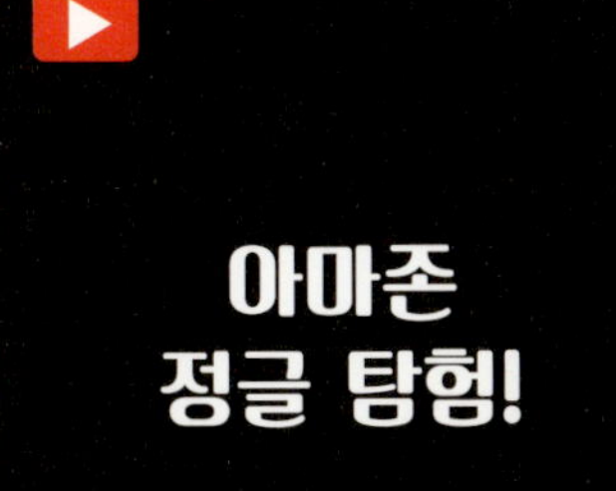

*남획: 짐승이나 물고기를 마구 잡음.

앗! 돌고래가
나왔다고 하는데
너무 멀어서
보이지 않아요!
경계심이
엄청 강한 것
같아요.
속상
또 실패하는 브르…?
아쉽지만…,
멋진 풍경에
만족하며
돌아갈게요.
쓸쓸
발길을 돌리는 브르 일행
돌아가는
길에 개미집을
발견했어요.
흰개미의 집인 것
같은데,
나무 위에
있다니
신기하죠?
개미집

이곳에서
아침을
먹기로 했어요!

화려~!

친환경적이네요!

안녕?

설탕에서 개미 발견!

으악!

휘적 휘적

커피에 쏙!

브린이를 위한 아마존 상식

'호버링'은 공중에서 움직이지 않고 제자리에서 하는 비행을 뜻해요. 대표적으로 벌새, 잠자리가 호버링을 할 수 있어요.

브린이를 위한 아마존 상식

자연에는 안전한 식물과 위험한 식물이 공존하고 있어요. 수액으로 지혈할 수 있는 나무도 있지만 먹으면 설사, 구토 등의 증상이 나타나는 독버섯도 있지요.

*지혈제: 피를 멎게 해 주는 약.

어?
나무 속에…!
앗!
들킨 건가?
사슴벌레
붙이류가 있네요!
반가워~!
이거 놔!

이건
절대 만지면
안 되는
독버섯이래요.
색은 참
예쁜데….
조심해!
알록달록

웅장
엄청 거대하고
뾰족한
나무 발견!
이런 걸
볼 때마다
정글인 게
실감나요.

죽은 나무를 부수면 '코코넛 웜'이라는 애벌레가 나오는데,

시장에서 팔기도 하고, 사람들이 먹기도 한대요.

죽은 나무

앗! 초대형 파리 발견!

들켰다!

가이드님이 잡아 줬어요.

아마존의 거대 파리

갑옷을
두른 듯한
멋진 밀리패드
발견!

밀리패드를
제 이마에
얹어 봤어요.
멋있나요?

정말 멋지죠?

ㅋㅋ ㅋㅋ

조심

조심

외나무다리

두둥

우아, 엄청 큰 나무예요!

꽈악

올라타
볼게요.

브르의 나무 타기 실력은?

대롱

대롱

잘 타죠?

아마존에 나타난 브르 원숭이~!

퍽
퍽
퍽
갑자기 나무를 치는 가이드님!
정글에서 길을 잃어버렸을 때, 거대한 나무를 쳐서 소리로 위치를 알리는 구조 신호래요.
도마뱀 발견!
도, 도망을….
덥석
관찰해 볼 건데….
얼음
죽은 척하는 게 연기 대상감이네요.
ㅋㅋ
브린이를 위한 아마존 상식
자연에서 동물들이 몸을 지키는 방법은 다양해요. 보호색을 이용해서 자연 속에 숨기도 하고, 죽은 척을 해서 포식자를 피하기도 하죠.
숙소에서 조금 쉬고, 또 다른 생물들을 만나러 갈게요~!

정브르의 생물 탐구

아마존과 주변 열대 우림에서만 볼 수 있는 희귀한 동물도 있어요. 같은 종류의 동물인데도 아마존에 사는 동물들은 몸집이 무척 작거나 커다랗다는 특징이 있지요.

영상으로 확인해 봐요!

⋆정브르의 생물 탐구⋆

생물 이름: 드워프카이만

드워프카이만은 전 세계에서 가장 작은 악어 중 하나로, 평균 몸길이가 고작 1m인 소형 악어예요. 난쟁이처럼 작은 몸 때문에 '난쟁이카이만'이라고 부르기도 해요.

⋆정브르의 생물 탐구⋆

생물 이름: 그린아나콘다

최대 7m까지 자라는 그린아나콘다는 아나콘다 중에서도 거대한 편에 속하는 초대형 뱀이에요. 거대한 몸집과 다르게 성격이 순해서 사람을 공격하지는 않아요.

영상으로 확인해 봐요!

브르의 다른 그림 찾기

왼쪽과 오른쪽 그림을 비교하고 다른 곳 5군데를 찾아봐요.

3화

무시무시한 타란툴라

숙소 근처에 구멍이 많은 것을 보니, 버로우성 타란툴라가 있는 것 같아요.

아마존 타란툴라를 관찰해 봐야겠죠?

브린이를 위한 아마존 상식

타란툴라는 행동 방식에 따라 버로우성, 배회성, 나무위성으로 나눌 수 있어요. '버로우성'은 주로 깊은 땅굴 속에서만 지내요. '배회성'은 굴 근처를 떠돌며 사냥해요. '나무위성'은 나무에 은신처를 만들고 돌아다니며 사냥하지요.

엄청 큰 타란툴라 굴이에요!

이번엔 누가 나올까요?

나왔다!

암컷이네요. 아까 만난 친구보다 이 친구가 몸집이 더 커요.

타란툴라는 보통 털과 이빨에 독이 있는데,

털에는 독이 적거나 없는 친구들도 꽤 있습니다.

이거 놔라….

브린이를 위한 아마존 상식

동물 중에는 밤에 주로 활동하는 야행성 개체들이 있어요. 야행성 동물들은 낮에는 은신처에 숨어 있다가 밤이 되면 사냥하러 은신처 밖으로 나오기 때문에 야간 탐사는 필수예요.

드디어 야간 탐사 시작!

작은 거미야,
안녕~?

이 밤에
어디 가~?

앙
증

저기!

당당하게 나와 있는 타란툴라!

도망
가자!!

후다닥

쏙
굴 안으로 들어가 버렸어요.
가이드님이 조심스럽게 나뭇가지로 찾아 보는데….
휘적
휘적
읔! 잡혔다!
빼꼼
이 친구는 '에콰도르 브라운 벨벳' 같아요.
와, 사납다! 입 벌린 거 보세요!
입
하악!
안 놓으면 문다!
앗! 벌레가!
와! 브르다~♥
으악! 저리 가!
아마존 벌레들의 무차별 공격!

휴,
이 친구는
숙소로
데려갈게요.
브린이를 위한 아마존 상식
타란툴라는 크기와 습성에 따라 종류가 다양하지만, 대부분이 독을 가지고 있어요. 날카로운 이빨과 다리의 털에 독이 들어 있기 때문에 항상 조심해야 한답니다.
채집 완료
타란툴라는
절대 맨손으로
만지면
안 됩니다.
야생
전갈이에요!
아마존 전갈들은
납작하네요.
집게가 작고
꼬리가 두꺼울수록
독이 세요.
누구냐,
넌?
다
다
다
다들
피해!
비켜!
ZZZ
자고 있는
작은 도마뱀
발견!
쿨쿨
관찰해
볼게요!
덥석
휘둥그레
누가 내 잠을
깨웠는가?

브린이를 위한 아마존 상식

턱 아래에 목 주머니가 달려 있는 아놀류 도마뱀들은 적을 위협할 때, 암컷에게 구애할 때 목 주머니를 부풀려요.

오늘의 특식!
타란툴라
구이입니다.
짜잔

불에 그을리면
털의 독도
제거돼요.
타닥
타닥

맛있어
보이나요?
바삭하게 구워진 타란툴라!

투둑

꽃게
다리 같아요.
두근
두근

이제
먹어 볼게요!
바삭
꽤
맛있어요!
만족
진정한 생물인, 인정!

아마존강에서
낚시를!

브린이를 위한 아마존 상식

피라루쿠는 고대서부터 살아온 민물고기로, 몸길이가 최대 5m까지 커지는 거대한 물고기예요. 남획으로 수가 많이 줄어, 지금은 보호받고 있어요.

오! 여기 편의점이 있네요?

얼마만의 콜라인지!

간단한 아침거리예요.

아침 식사

먹음직

와, 약밥이다!

속은 고기로 꽉 찼네요!

짜악

소스까지 뿌려 주고~!

기 대
먹어 볼게요.
아~
과연 그 맛은?
맛있다! 식은 카레에 밥 비벼 먹는 느낌이에요.

낚시를 도와줄 헌터님이 미끼로 쓸 작은 물고기를 가지고 왔어요!
잘 부탁해! 친구들아.
나 미끼되는 거야?
미끼 제조 중

미끼
바늘에 작게 자른 미끼를 끼우고,

이번엔 제발!
휘 익
그렇게 시작했지만 역시나 꽝….

어부
작은 물고기는 풀어 주고, 팔 수 있는 것들만 담네요.
저 멀리 어부들이 보이는데요.
영 차
저 그물 빌리고 싶다….
너무 덥고 물고기도 안 잡혀서 육지로 이동 중이에요.
아마존에서는 쉬운 게 없네요.
도착!
이제 물고기들로 식사 준비를 해요.
물고기를 잎으로 감싸서 구워 볼게요.
꼼 꼼
짜 잔

두
둥
아마존 생선 구이 완성~!

와 앙
자,
먹어 볼게요~.

만 족
보기엔
물고기 찜
같은데…, 정말
맛있어요!

점심을
먹었으니
또 낚시하러
가려는데…,
멈추지 않는 도전!

저번에 못 봤던
아마존강돌고래가
지나가는 것
같아요.
ㅠㅠ
너무 멀어서 잘 안 보여요.

낚시에 집중하는 브르!
계속 시도했지만,
결국 잡고 싶었던
물고기를
못 잡았답니다.

쓸 쓸

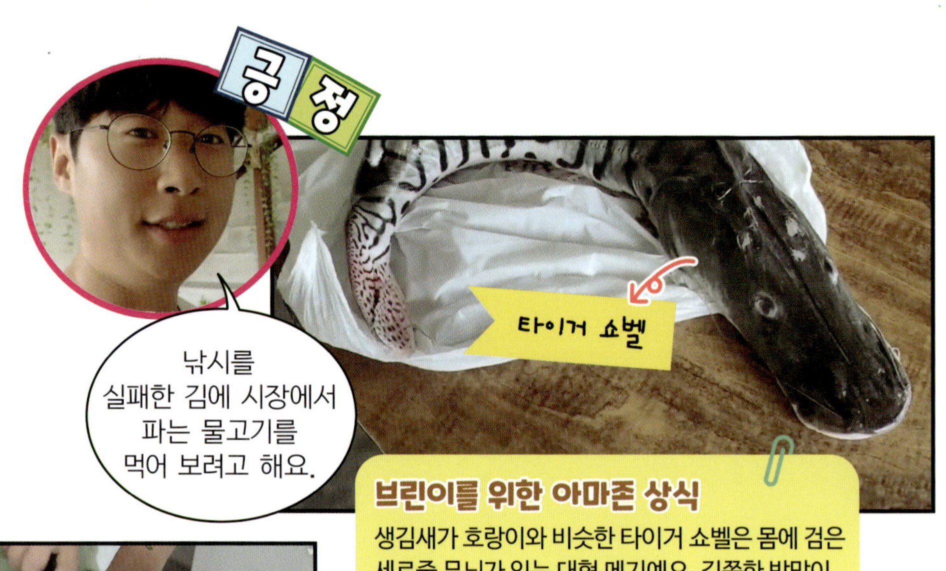

브린이를 위한 아마존 상식

생김새가 호랑이와 비슷한 타이거 쇼벨은 몸에 검은 세로줄 무늬가 있는 대형 메기예요. 길쭉한 방망이 같은 몸은 최대 1m까지 자라요.

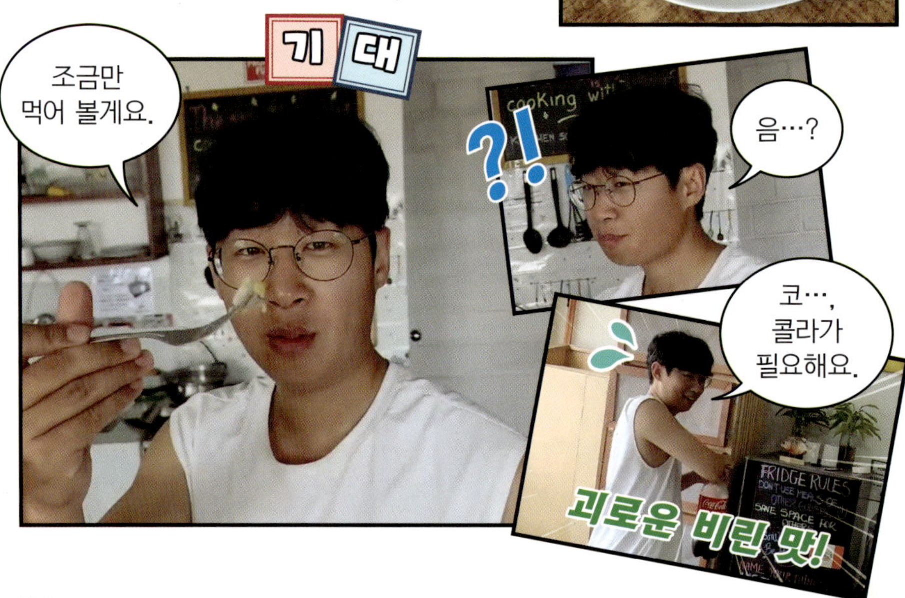

정브르의 생물 탐구

타란툴라는 이빨과 털에 독을 가지고 있는 독거미예요. 몸 전체를 덮고 있는 털은 적이나 먹이의 움직임을 감지하는 감각 기관으로 활용돼요.

영상으로 확인해 봐요!

⋆정브르의 생물 탐구⋆

생물 이름: 골리앗 버드이터

골리앗 버드이터는 세계에서 가장 큰 타란툴라로, 다리 길이만 30cm에 가까이 자라요. '버드이터'라는 이름답게 작은 새도 가뿐히 잡아먹을 수 있지만 땅에서 생활하는 배회성 타란툴라이기에 실제로 새를 잡아먹지는 않아요.

⋆정브르의 생물 탐구⋆

생물 이름: 블루그린 핑크토

블루그린 핑크토는 나무 위에서 생활하는 나무위성 타란툴라예요. 성장할수록 점점 색이 진해지다가 다 자라면 짙은 청록색의 아름다운 털을 가지게 돼요.

영상으로 확인해 봐요!

페트병 트랩 설치하기

짜 잔

이곳은 제가 머무는 숙소예요.

저녁 6시부터 9시까지만 전기가 들어와요.

아마존 강물을 살짝 정수한 물이 나오는데 색이 누렇습니다.

아마존 강물에는 기생충이 있기 때문에

상처가 났을 때나 물을 마실 때 조심해야 해요.

자, 오늘은 페트병 트랩을 만들 거예요.

닭고기를 트랩 안에 넣어서 땅에 묻으면 어떤 생물들이 잡힐까요?

준비물: 포도주, 닭, 페트병, 삽

먼저
삽으로 땅을
팝니다.
팍
팍
페트병을
땅속에
묻고,
와인을
부을게요.
콸
콸
두 번째
트랩은
큰 나무 옆에
설치할게요.
생각보다
땅파기가
힘들어요.
낑
낑
휴,
이제 구멍에
페트병을
묻고,
페트병
트랩
오래 숙성시킨
닭고기를 넣어
줄게요.
닭고기
웩
냄새가 어마어마합니다.
투
척
같은 방법으로
총 9개의 트랩을
설치했습니다.
트랩은
내일 확인해
볼게요!

조금 쉬었다가
저녁노을을
보며 산으로
출발합니다.
오늘도 야간 탐사 시작!
재밌게
구경해~.
개구리가 반겨 주네요.

이 친구는
'화이트
트리프록'이랑
닮았네요.
초롱
초롱
눈 너무 귀엽다.
등이
오돌토돌한 게,
독이 있진
않겠죠?
혹시
모르니 손
씻어야겠다.
막
만지면
안 돼~.

날
발견하다니!
작은 개구리다.

정말
독특하게
생겼는데,
특히 다리가
정말 예뻐요!
앙
증

브린이를 위한 아마존 상식

노린재의 일종인 '침노린재'는 뾰족한 침을 가지고 있어요. 육식성인 침노린재는 다른 곤충들을 잡아먹는데, 침으로 먹이를 찌른 후 소화액을 내뿜는 방식으로 사냥해요.

멋진 아마존

귀여운 도마뱀,

화려한 메뚜기,

처음 보는 생물까지, 아마존에 오길 잘했어요.

테일리스 휩 스콜피온 발견!

더듬이와 앞다리가 길어서 '채찍거미'라고도 불리죠!

브린이를 위한 아마존 상식

채찍거미는 게의 집게발처럼 가늘고 긴 다리를 이용해 주변을 탐색하며 생활해요. 모성애가 강해 새끼들이 클 때까지 지극정성으로 보살핀다는 특징이 있어요.

저리 가!

채집 완료

같이 숙소로 돌아가자!

제발
두 번째
트랩은…!
두 번째
트랩!
텅
조그만
풍뎅이들만
들어가 있어요.
텅
닭고기는 다 먹었네.
세 번째
트랩!
아쉽
와….
네 번째
트랩!
작은 벌레들만 있어요.
아….
그날 밤
트랩들이
모두 허탕이라
전갈을 잡으러
야간 탐사를
왔어요!
부지런히 탐사하는 브르!
전갈이다!
바로 발견!

브린이를 위한 아마존 상식

전갈은 몸통 끝에 날카로운 독침을 가지고 있어요. 집게로 먹잇감을 잡아 독침으로 찔러 사냥한답니다. 열을 가하면 전갈의 독이 분해되기 때문에 요리해서 먹을 수 있어요.

두 번째 전갈을 발견했어요!
악!
덥석
적이다!
와, 엄청 큽니다!

아, 안녕?
다른 전갈도 발견했는데….
삐질
무슨 종인지 모르겠어요. 얘는 그냥 풀어 줄게요~.
고, 고마워….

브르가 채집한 전갈들
여기는
어디야?
전갈을
잡아
왔어요.
이제 요리를
해 볼까요?

지글~
지글~
기름에 튀기기만 하면….

짜
잔
전갈 튀김 완성!

맛이
어떨까요?
와
그
작
진짜
맛있어요!

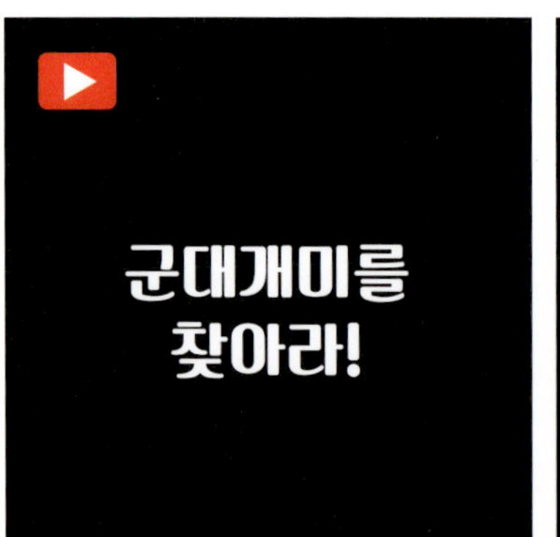

브린이를 위한 아마존 상식

협동심이 강한 군대개미는 수만 마리가 하나의 군체를 이루어 생활해요. 턱이 큰 병정개미가 군체를 지키면, 턱이 작은 일개미가 먹잇감을 옮기는 방식으로 사냥하지요.

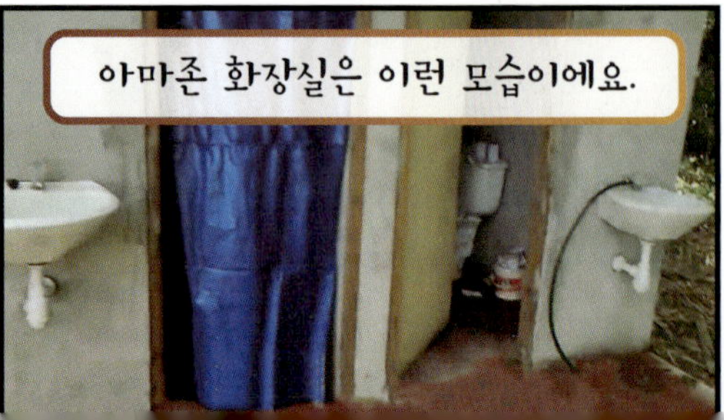

아마존 정글은 늘 색다르고, 시간마다 다른 생물들이 나오는 게 신기해요.
촬영하는 사이 떠난 일행들!
쌩~
헉! 나도 같이 가~!
아마존에 널린 뾰족한 나무.
무시무시
가시 끝에 다트프록이나 두꺼비 독을 묻혀서 사냥 도구로 이용해요.
진짜 날카롭다….
열심히 탐사 중인데, 바닥에 개미 한 마리도 안 보여요.
군대개미를 찾으려면 더 깊숙이 들어가야 할 것 같아요.
조심조심 가이드님을 따라가는 중이에요.

잎꾼개미의
것으로
추정되는 개미집을
발견했어요!

땅을
열심히 판
흔적이에요.
흙더미

잎꾼개미는
버섯을 재배하기
위해서 땅을 많이 파는
습성이 있거든요.
흙이랑 색이
똑같은
개구리예요!
안녕?
거기서 뭐 해?

길이
막혔어!
흰개미
개구리가 흰개미 행렬을 막고 있네요.
흰개미는
한 길로만 다니는
습성이 있어서
갈팡질팡하네요.

오늘은 날씨가 안 좋아서 개미들이 거의 안 보이네요. 타이밍이 안 좋았나 봐요.
터 엉
잠잠한 아마존 정글!
뻘 뻘
너무 덥고 습해요.
땀이 많이 나네요.
어! 여기 적당한 막대기가 있는데,
이걸로 왔던 길을 표시해 볼까요?
ㅋㅋ
길을 잃을 수도 있으니까요.
절대 가이드님을 못 믿어서가 아니고요.
장난꾸러기 브르!
바닥에 있는 나무를 들췄더니 개미가 가득해요!
무슨 종인지는 잘 모르겠어요.

맛있어
보이는 열매를
발견했는데, 독이
있대요.
색은 정말 예쁜데….

신기한
거미 발견!
가시거미
종류인 것
같아요.
멋지네요~!

가이드님이
갑자기 나무를
두드리는데….
탁
탁

어라?
박쥐가
있어요!
쿨쿨~.

이건
풍뎅이 애벌레
인 것 같아요.
거미줄
와, 저 거미줄은 엄청 크네요!

사육장을 예쁘게 꾸미는 분들은 이런 식물들을 좋아할 것 같아요.
나무에 붙어 있는 식물들!
이건 무슨 개미일까요?
아마존 정글은 탐험할 때마다 너무 새로워요!
바글
바글
우글우글
와, 흰개미 집을 발견했어요!
브르가 왔다고?!
이제 슬슬 개미들이 활동 하나 봐요.
으앗!
거북개미다!
거북개미의 머리
거북개미는 머리 크기만 한 굴을 만들고,
위협을 느끼면 굴에 숨은 뒤, 머리를 방패 삼아 그 구멍을 막고 버티는 친구들입니다.
정말 신기하죠?

5화
생닭 통발을
던지면 생기는 일-①

이번에는 한국에서 가져온 통발에 생닭을 넣어서 아마존강과 그 주변에 설치할 거예요.
통발
과연 어떤 생물이 잡힐까요?

통발 안에는 5일 동안 숙성시킨 닭고기를 넣을 거예요.
으, 냄새가….
코를 찌르는 냄새!
닭고기
우선 통발 두 개는 강에 던질 건데,
건기라 물 깊이가 4m밖에 안 된대요.

촤
앗
강물에 넣을 통발 세팅!

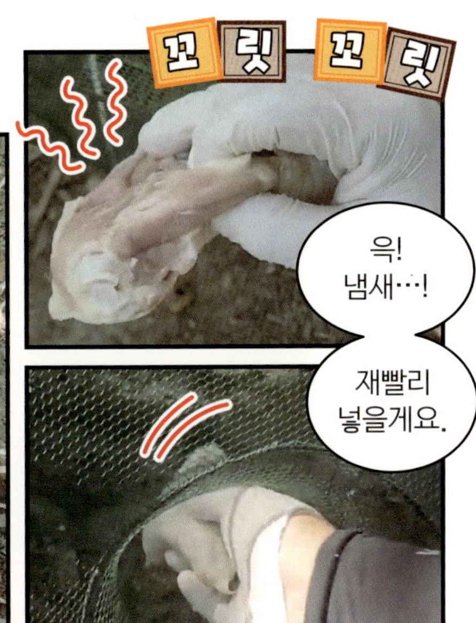
꼬릿 꼬릿
윽!
냄새…!
재빨리
넣을게요.

배를 타고 이동 중!
통발은
이곳에
넣어 볼게요!
풍덩

흘러가지 않게
나무에
고정해 줘요.
꽈악

두 번째 통발도 입수!
풍덩

나머지 통발은 주변 개울에 넣어 보려 해요.
멋진 생물들이 잡히기를!
똑같이 닭고기를 넣고,
스윽
촤앗
?
?
?
둥
둥
물이 얕아서 가라앉질 않네요.
그래도 이 정도면 괜찮을 것 같아요.
오늘 밤에 확인하러 올게요!
통발 설치를 끝내고 숙소로 돌아가던 중 멋진 하늘소를 만났어요.
알록달록 예쁘죠?
다 봤으면 놔 줘~!

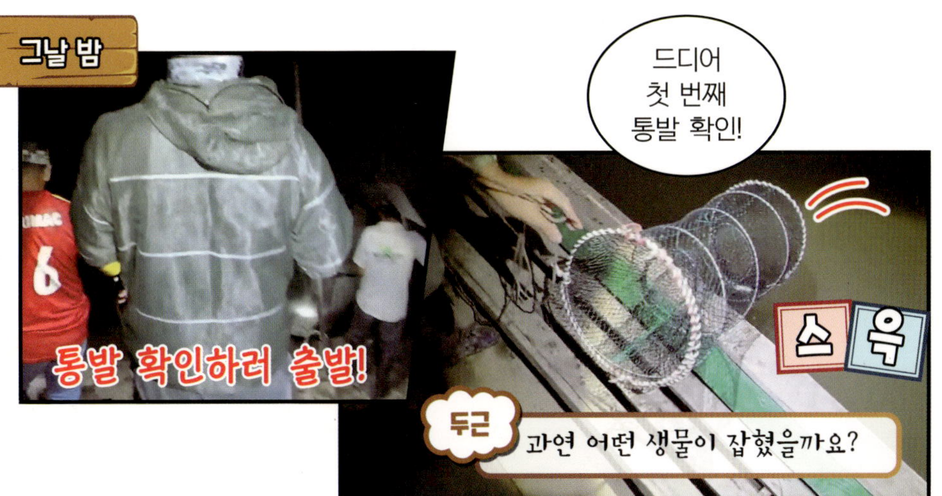

브린이를 위한 아마존 상식

아마존에는 아직 한국에 알려지지 않은 생물들이 많이 살고 있어요. 이런 생물 중에는 위험한 독을 가지거나 사람을 공격하는 종이 있을 수 있기 때문에 조심해서 다루어야 해요.

다음 날
낑
낑
어제 못 봤던 통발을 꺼내 볼게요.
뭐가 꽤 많습니다.
넌 누구야?
물방개가 나왔는데,
우리나라 물방개랑 똑같이 생겼어요.
동글동글 귀엽지?
이 친구는 비늘이 특이하게 생겼어요.

브린이를 위한 아마존 상식

가물치는 머리가 뱀처럼 생겼다고 하여 '스네이크 헤드'라고도 불러요. 아가미로만 호흡하는 물고기들과 달리 보조 호흡 기관을 가지고 있어서 공기 호흡도 가능해요.

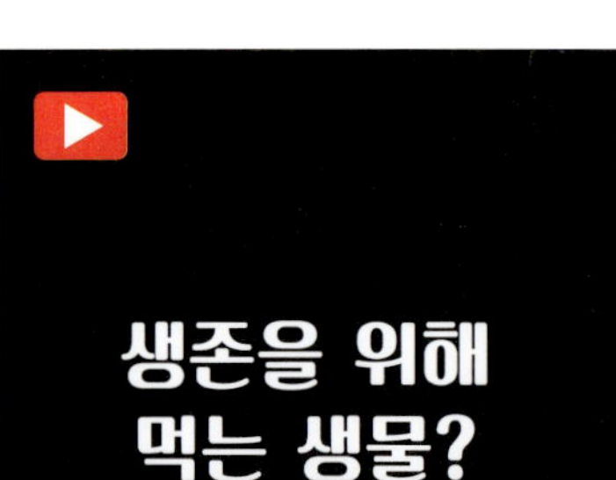
생존을 위해
먹는 생물?

아마존에는 흰개미 집이 엄청 많아요.
흰개미 집은 굉장히 단단하답니다.

흰개미는 약재 또는 단백질원으로 많이 활용되기 때문에 한번 먹어 보려 해요.
흰개미 찾으러 출발~!

푸욱
흰개미 집으로 추정되는 것을 파헤쳐 볼게요.
우리 집을 공격하다니!
미안
흰개미가 아니네?

집을 잘 지었네요!
저 친구는 머리가 큰 걸 보니 병정개미 같아요.
병정개미는 무거운 걸 옮기거나 적이랑 싸우고, 무리를 지키는 역할을 해요.
병정개미

또 다른 개미 발견!
바글
바글
우아, 진짜 많다!
멋지지?
배 색깔이 특이해요!

어라? 여기 흰개미들이 파먹은 흔적이 있는데? 한번 긁어내 볼게요.
있다, 있다! 흰개미!
나 찾았어?

브린이를 위한 아마존 상식

흰개미는 죽은 나무를 갉아 먹는데 때로는 나무로 만든 가구도 먹어 치워요. 그래서 목조 건축물이나 문화재가 많은 한국에서는 해충으로 불리기도 해요.

*공생: 서로 도우며 함께 삶.

오, 풍뎅이에요!
반가워!
한국에선 작은 풍뎅이가 흔한데,
아마존에는 별로 없는지 잘 안 보여요.
이제 보내 줘!
조금 쉬자!
안녕~?
개미집을 살짝 쳐 보면….
톡 톡
장난기 발동!
으아아!
우르르르
어! 저건 진짜 흰개미 집 같은데요!
개미집을 잘랐더니….
드디어 찾았다!
흰개미 집이 맞아요!
바글
바글

날개가 달린 여왕개미가 있네요.

여왕개미

흰개미를 개미로 오해하는 두 번째 이유는 계급 사회 때문이에요.

흰개미 군체에도 개미처럼 여왕과 왕이 존재하거든요.

또 흰개미들은 개미랑 비슷하게 페로몬으로 이동하는데요,

도망갈 때도, 집을 이사할 때도 일렬로 움직인답니다.

줄 맞춰, 줄 맞춰!

브린이를 위한 아마존 상식

'페로몬'은 동물이 내뿜는 화학 물질로, 페로몬을 통해 같은 종의 동물과 의사소통할 수 있어요. 페로몬에는 짝짓기를 위한 성 페로몬, 길을 표시하는 길안내 페로몬 등 다양한 종류가 있어요.

이 흰개미
집 안에는
최소 수십만
마리가 있을 것
같아요.
비좁다!
진짜 많다~.

채집한
흰개미 집
크기를
보세요!
거대

안녕?
숙소로
이동하다 마주친
친구예요.
몸 색깔이
진짜 예쁘죠?
짜잔
푸른빛 몸 색깔!

알차게 모아 온 흰개미
제
식량입니다.

바나나 잎
바나나 잎을
따서 안에 넣고
찔 거예요.

여기는 어디야!
잎 위에 올린 뒤,
꽁꽁 싸고….
과연 흰개미 맛은 어떨까요?
익혀 줍니다.
윽….
요리 완성!
기대
밤 냄새가 나요.
여왕 흰개미를 먹어 볼게요.
오물 오물
생각보다 맛있어요!
밤 맛이 납니다!

정브르의 생물 탐구

아마존강에는 다양한 수생 생물이 살고 있어요.
그중에는 사람에게 위협적인 '피라냐' 같은 물고기도 있고,
고대서부터 살아온 '아로와나' 같은 물고기도 있답니다.

영상으로 확인해 봐요!

★정브르의 생물 탐구★

생물 이름: 전기뱀장어

전기뱀장어는 몸속에 있는 발전 기관으로 전기를 만들어 낼 수 있는 신기한 물고기예요.
높은 전류를 방출하기 때문에 맨손으로 만지면 위험해요.

★정브르의 생물 탐구★

생물 이름: 피라루쿠

피라루쿠는 아가미 호흡뿐아니라 물 밖으로 머리를 내밀어 공기 호흡을 할 수 있는 신기한 물고기예요. 피라루쿠의 비늘은 굉장히 단단해서, 날카로운 이빨을 가진 피라냐에게 물려도 끄떡없지요.

영상으로 확인해 봐요!

브르의 미로 찾기

미로를 탈출해 도착지로 가요.

도착

6화

브르의 신나는 야간 탐사

이번에는 꼭 군대개미를 만나고 싶어요.

해가 지면 야행성 생물들이 많이 나올 거예요.

신기하게 생긴 식물들이 울창하게 자라 있네요.
아마존에서만 볼 수 있는 모습이겠죠?
멋진 자연!
나무에 보이는 수상한 선!
우기 때는 물이 저 선까지 차오른다고 해요.
시기에 따라 물 높이가 다르다 보니, 항상 이동하는 군대개미한테는 비효율적이네요.
이곳에는 군대개미가 없을 가능성이 큽니다.
어두워지는 아마존 정글!
'아마조니카 핑크토'가 나왔습니다.
이 친구는 나무위성 타란툴라예요.
안녕~!
안녕, 귀여운 개구리 친구~.
….
휙
낯가리나 봐요.

개구리가
거미를 사냥하고
있어요!
콰 악
거미
살려!
웩,
맛없어~!
살았다!
거미를 뱉어 버렸어요….
에잇!
사냥
실패!
바구미를
발견했어요.
안녕하세요.
브린이를 위한 아마존 상식
바구미는 작은 몸집에 비해 주둥이가
길고, 딱지날개가 굉장히 단단해요.
다 보셨으면
내려 주시죠.
우리나라
왕바구미랑
비슷하네요.
쐐기나방
애벌레
쐐기나방
애벌레는
가시에 고통을
유발하는 독이
있어요.
예쁜 나비도
있고,
화
려
소똥구리도
발견!
데굴~
데굴~

정말
특이하게 생긴
송충이예요.
와!
잠자리가
보라색이야!
넌
누구니?
비밀이지롱!
어라?
이 친구는…!
놔 줘!
갑옷
바퀴벌레인데,
정말 크네요.
꿈틀
꿈틀
채찍거미를
또 만났네요!
꼬리가 없는
전갈처럼
생겼죠?
안녕?
채찍거미는
독이 없고, 모성애가
강해서 새끼가 태어나면
등에 업고 다닌다고
해요.

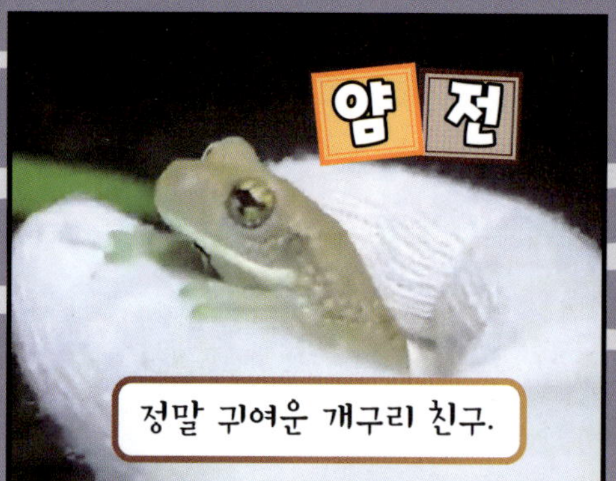

브린이를 위한 아마존 상식

기생식물은 다른 식물로부터 영양분을 얻어 생활해요. 광합성을 못해서 다른 식물에게서 모든 영양분을 공급 받는 '완전기생식물'과 스스로 광합성을 하면서 부족한 영양분만 공급받는 '반기생식물'로 나뉘어요.

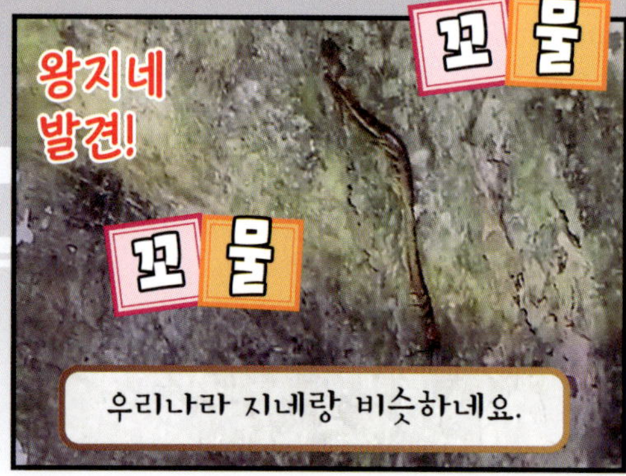

와,
아마존에 사는
매미입니다!

아마존은
처음이지?

달팽이가
엄청 커요!

반가워.

완전 신기해요.

엄청난 크기의
왕바퀴벌레…!

무려 손가락만 한 길이!

한국에는
없어서
다행이네요.

내가
어때서!

정말 많은
생물을 만났는데
역시 군대개미는
안 보여요….
아 쉽
앗!
다리 길이가
엄청 긴
거미네요.
난 거미계
모델이라고!
롱다리 거미~!
슬슬
활동해
볼까?
긴꼬리거미
와우!
군대개미는 못 봤지만,
멋진 거미들은
많이 봤네요!
마호가니 트리
스파이더
정말 다양하고
멋진 생물들을
만나 뜻깊은 시간을
보내고 숙소로
돌아갑니다!
즐거웠어!

브르가 애타게 찾는 곤충은?

오늘은 기필코 찾는다!

오늘도 굉장히 더워요. 땀이 엄청 납니다.

가이드님이 잎을 따 줬어요.

굿 럭 리프

마음에 안정을 주고 행운을 가져다준대요.

챙기자! 군대개미를 만나는 행운이 있길!

군대개미를
찾아서
더 깊이 들어가고
있어요.
부지런히 걷는 브르!
외나무다리도
건너고~!
조심 조심
나무를
들췄더니
주황색 거미가
나왔어요!
나
예쁘지?
화려
너 정말 특이하다!
어?
뭘 잡고 있는
거예요?
안녕?
특이한 점이
있네요.
토실 토실
너무
귀여워요.

나무에 생긴 흠집에서 하얀 수액이 나오고 있어요.
수액을 커피나 우유에 섞어서 약처럼 먹기도 한대요.
수액
여긴 나무들이 다 커요.
생으로는 먹지 말라고 하네요.
지금은 안 먹는 걸로~!
굉장히 무섭게 생긴 애벌레인데….
뾰족
나방의 애벌레 같아요.
가시 나무처럼 생겼네요.
조심해~!
이 친구들은 배가 통통한 게 꿀단지개미 같은데,
몸집이 꽤 크네요!
우글
우글

쏴아아
비 온다!
잠시
비를 피하다가
출발할게요.

와, 매미야
나방이야?
눈이 빨갛고
날개도
화려해요.
눈만 돌리면 신기한 생물이!

빠직
살짝 건드려
볼까요?
귀찮아,
저리 가.
스윽

조금 쉬다가
다시 탐사 시작!

군대개미는
고산 지대에
있어서 높은 곳으로
가고 있어요.
가는 길이
험하네요.
조심
조심

여기는
제가 머무는
숙소의 옆
마을이래요.

잘 정돈된 아마존 마을!

안녕!

무척
평화로운
모습이네요.

잎꾼개미들이
잘라 간
흔적이네요.

여기저기 잘려 있는 이파리들

흰개미
집도 있고요.

흰개미 엄청 많다.

어?!
군대개미?!

바쁘다,
바빠!

타다다

드디어 군대개미 발견 성공?!

음…,
색이 좀
다른 것 같기도
한데….
왜 자꾸
쳐다보는
거야?
그래도
긴가민가하니까
따라가 볼게요.
왜
따라오지?
이곳이
얘들 집인 것
같은데,
병정개미가
없는 걸
보니….
개미 잘못
봤어요.
이상한
사람이네!
이 친구들은
군대개미가
아니네요.
게다가
군대개미는
집을 짓지
않아서
'방랑개미'라고도
불리죠.
또 군대개미는
길에서 만나는 생물들을
다 잡아먹어서
'아마존 깡패'라는
별명도 있대요.
개미가 주식인
개미핥기도 군대개미를
피할 정도라고 하니
말 다 했죠.

군대개미 역시 다양한 계급이 존재하는데,

일개미는 몸 크기에 따라 3단계 정도로 구분되어

먹이를 나르는 등의 일을 해요.

브린이를 위한 아마존 상식

군대개미는 수만 마리의 개체가 모여 함께 생활해요. 그만큼 영양분 공급을 위한 먹이가 많이 필요하죠. 그래서 군대개미 군체는 임시 휴식처만 만들고 계속해서 먹잇감을 찾아 이동하는 방식으로 생활해요.

병정개미는 몸 크기에 따라 2단계로 구분하는데,

큰 병정개미는 아래 사진처럼 턱이 갈고리 모양으로 생겼어요.

다른 개미들이 움직일 때 옆에서 보디가드 역할을 합니다.

정글에서 부상을 당하면 군대개미에게 일부러 물려 상처 부위를 꿰매듯 잡은 뒤,
몸통은 떼어서 버린다고 해요.
그럼 상처가 더 잘 아물 수 있겠죠?
다트프록이다!
브린이를 위한 아마존 상식
다트프록은 치명적인 독을 가진 개구리로, 이 독은 사냥이나 전쟁에 활용할 정도로 독성이 강하다고 해요. 하지만 야생에서 특정한 생물을 먹어야만 독이 생기기 때문에, 사육되는 개체에는 독이 없는 경우가 많아요.
덥석
맨손으로 다트프록을?
와, 대단하….
놓쳤다….
나무 타는 이구아나
다트프록은 위험해~!
다양한 생물을 만났지만…,
결국 군대개미를 못 봤어요~.

정브르의 생물 탐구

개구리는 길게 발달한 뒷다리를 이용해서 높이 뛸 수 있어요.
올챙이 시절에는 꼬리가 있지만, 자라면서 꼬리가 사라져요.

영상으로 확인해 봐요!

★정브르의 생물 탐구★

생물 이름: 우유개구리

스트레스를 받았을 때 우유 같은 흰색 액체를 분비해서 '밀키프록'이라는 이름을 가지게 되었어요. 황금색의 눈과 갈색 줄무늬, 얼룩덜룩한 반점의 무늬가 아름다운 개구리지요.

★정브르의 생물 탐구★

생물 이름: 뿔개구리

'팩맨개구리'라고도 불리는 뿔개구리는 약 10cm로 몸집이 크고 큰 입을 가지고 있는 대형 개구리예요.
입이 크고 먹성이 좋아서 자신보다 더 큰 몸집의 먹이도 잡아먹을 수 있어요.

영상으로 확인해 봐요!

브르의 아마존 탐구 노트-②

불에 타는 아마존 열대 우림

숲에 난 불을 끄는 모습

아마존을 지켜라!

브라질은 아마존 열대 우림의 약 60%를 차지해요. 최근 브라질에서 고속도로를 만드는 등 과도한 개발로 화재, 산림 파괴, 가뭄 등의 문제가 늘어나며 전 세계가 긴장하고 있어요.

엄청난 규모의 농장에서 소를 키워 소고기를 수출하는 브라질은 농장을 만들기 위해 아마존 열대 우림의 나무를 베고, 불로 태운다고 해요.

아마존강과 아마존 열대 우림이 파괴되며 지구가 맞이한 기후 위기는 점점 더 심해지고 있어요. 지구의 허파 역할을 하던 아마존에서 이산화 탄소를 산소로 바꾸는 양이 줄어들었기 때문이지요.

결과적으로 지구에 이산화 탄소의 양이 늘어나며 기후 변화가 심해지고 아마존의 강수량도 줄어들었어요. 비가 적게 오면서 아마존 열대 우림의 식물이 잘 자라지 못하고 가뭄까지 찾아왔다고 해요.

아마존 빅토리아 수련

맹그로브

다양한 식물

아마존에는 다양한 식물도 살고 있어요. 그중 '큰가시연꽃'이라고도 불리는 '아마존 빅토리아 수련'은 지름이 1m가 넘을 정도로 거대해 어린 아이가 앉아도 가라앉지 않는다고 해요.

열대 지역의 강이나 바다 근처에서 자라는 식물인 '맹그로브'는 물속에 뿌리를 내려 평소에는 물속에 깊이 잠겨 있어요. 맹그로브는 해양 생태계를 유지하는 데 도움이 되는 식물이에요.

7화

생닭 통발을 던지면 생기는 일-②

통발은 3개 넣을 거고, 무려 6일이나 숙성시킨 닭을 준비했어요.

생닭 냄새 맡고 많이 잡히길요!

완전 신나요!

브린이를 위한 아마존 상식

통발은 그물을 이용해 물고기를 잡는 도구예요. 그물 안에 먹이를 넣고 물속에 넣으면, 물고기들이 먹이 냄새를 맡고 그물 안으로 들어온답니다. 통발에 한 번 들어가면 다시 나갈 수 없는 구조이기 때문에, 설치해 두면 물고기를 많이 잡을 수 있어요.

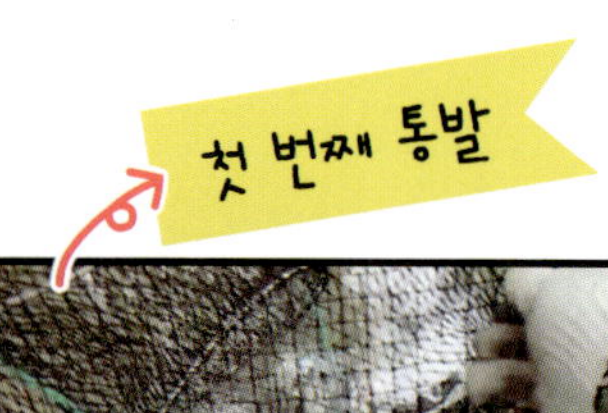

저 나무 사이에 던질게요.

휙

잘 들어갔네요. 저 통발에는 사료가 들어 있어요.

두 번째 통발

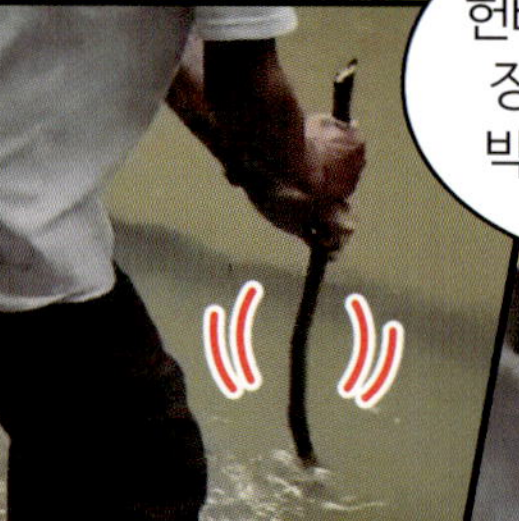

헌터님이 세 번째 장소에 기둥을 박아 주셨어요.

물고기들이 나뭇가지 사이에 몸을 숨기기 때문에 이런 기둥을 박는 거예요.

설치 완료!

가이드님이
이런 통발을
신기하게
보네요.

아마존
어부들은 페트병에
그물을 걸어서
그냥 일자로 쭉
늘여 놓거든요.

모두
설치했어요!

내일 보자!

다음 날

어제 설치한
통발을 확인하러
갈까요?

기대

두근 멋진 친구들이 잡혔기를…!

묵직
오! 뭐가 있긴 있다. 꺼내 보자!

후두둑
생닭

안녕!
가물치인가?

수확이 많지는 않네요….
생닭 더 줘!

두 번째 통발을 수거하러 왔어요.
고나 사료를 넣은 통발이에요.
두 번째 통발
아련
고나가 보고 싶네요.

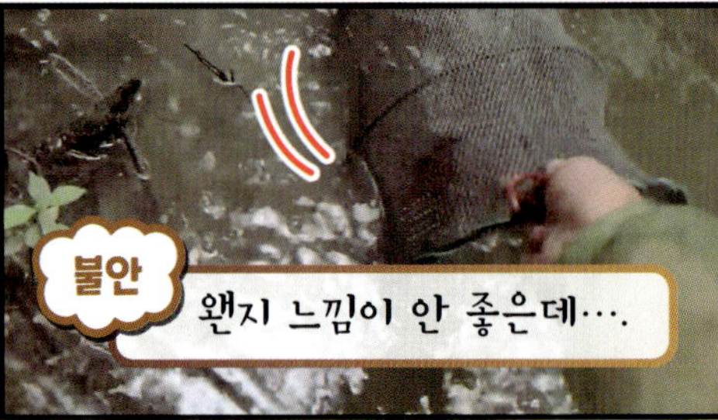
불안
왠지 느낌이 안 좋은데….

제발…!
지지직!

오,
예쁘다.
왜 개밥을
넣었어!
멋진 비늘!
반가워!
우렁이도
있네요!
앙
증

마지막 통발은 과연…?
큰 게 있었으면 좋겠는데…!
세 번째
통발
촤앗

터
엉
아, 큰일 났다….

누군가
그물을 찢은
흔적이 있네요.

아이고, 물방개가
통발에 들어갔다가
죽었어요. 물방개는
물 밖에 나와서 공기를
마셔야 하거든요.
들어가지
말걸…
브린이를 위한 아마존 상식
물방개는 물에 사는 수생 곤충이에요.
죽은 물고기를 먹어서 하천을 깨끗하게
만들기 때문에 '물속의 청소부'라는
별명을 가지고 있어요.
가물치를
닮은 친구,
비늘이 멋진
친구,
짜리몽땅한
친구까지!
귀엽지?
날씬
잘 관찰했으니,
집에 보내 줄게요.
촤아악
고마워!
이번 통발에는
큰 친구가 있길
기대했었는데,
아마존은
진짜 예측이
안 가네요.
아쉽

전기뱀장어를
만날 수 있을까?

다큐멘터리에서
생닭을 통째로
끈에 묶어서
강에 넣은 뒤,
끌어올리면
피라냐들이 생닭에
다닥다닥 붙어
올라오더라고요.
저도 그걸 해
보려고요.

잘
부탁해!
닭은
두 마리를
샀고,

철사도
얻어 왔어요.
짜잔

어제 비가 많이
와서 물 높이도
조금 높아졌고,
물살도 세요.

물고기가
많을 것 같은
잔잔한 곳으로
이동해요!
부웅~!

목적지에 도착했어요!

피라냐는
죽은 동물의
냄새나, 피 냄새를
맡고 달려드는
경우가 있어서
피를
조금 뿌릴
거예요.

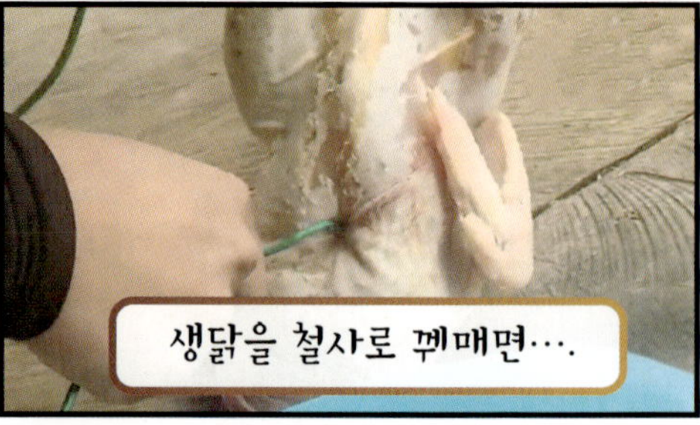
생닭을 철사로 꿰매면….

준비
완료!
짜잔

주변에 피도
뿌려 줄게요.
졸
졸
풍덩
투입
뭔가
엉성하지만….
첨벙
첨벙

대야
첨벙
첨벙
생닭 주변에
물고기가 모이면
대야로 들어 올릴
거예요.

힝….
물고기들의
반응이 없어서…,
자리를 옮겨
볼게요.

열심히 흔들어야 모여들어요.

물고기다! 대야 준비!

잡았다!

첨벙 첨벙

여긴 어디…?

메티니스가 잡혔네요!

무서워!

피라냐랑 굉장히 닮은 친구예요.

브린이를 위한 아마존 상식

메티니스는 무리를 지어 생활하는 습성을 가진 물고기예요. 은색으로 반짝이는 비늘 때문에 '실버달러'라고 불리기도 해요.

전 세계에서
카쇼로를 잡기
위해서 아마존에
많이 오는데,
이 친구는
실제로 잡기
어려워요.
왜
그랬지…?

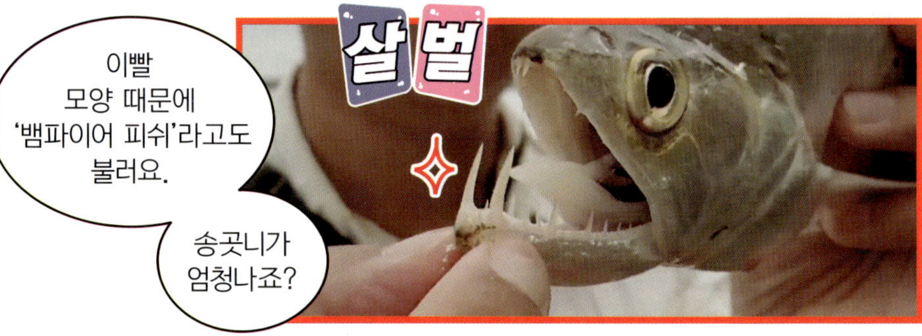
살벌
이빨
모양 때문에
'뱀파이어 피쉬'라고도
불러요.
송곳니가
엄청나죠?

배
카쇼로도
피라냐처럼
등은 검고, 배는
하얘요.
등
어서 와~!
숙소로 다시 복귀한 브르!

카쇼로는
숯불 구이,

나머지 애들은
매운탕으로
먹을 거예요.

힝….

생물인 브르의 수확물

매운탕은
라면 스프와,

메티니스,
피라냐를 넣고
끓여 줘요.

보글
보글

카쇼로는
비늘을
벗기고,

양념을
바른 뒤,

타닥
타닥

숯불에
구워요.

먹음직
카쇼로 숯불 구이 완성
오~, 닭꼬치
냄새가 나요.
쏘옥
먹어
볼게요.
냠냠
이 맛은?!
와~, 진짜
맛있어요!
인기 있는
이유를
알겠네!
감탄
메티니스,
피라냐 매운탕
라면도 맛있게
먹을게요~!
보글
보글
우연히 배에
들어온 카쇼로!
아마존이 제게 준
선물인 것 같아요!

정브르의 생물 탐구

'관상어'란 멋진 생김새를 가져 수조나 연못에서 기르며 관찰할 수 있는 물고기를 뜻해요. 아마존에도 관상어로 유명한 물고기들이 살고 있어요.

영상으로 확인해 봐요!

★정브르의 생물 탐구★

생물 이름: 실버아로와나

대표적인 대형 관상어인 실버아로와나는 아래턱이 위턱보다 길게 나와 있는 특이한 모습을 가지고 있어요. 한국에서도 인기가 많은 관상어지만, 최대 1m까지 자라는 대형 물고기이기 때문에 키우기 전 많은 준비가 필요해요.

★정브르의 생물 탐구★

생물 이름: 디스커스

디스커스는 몸길이 20cm 정도의 작은 열대어로, 몸 색상이 선명하고 아름다워서 관상어로 인기가 많아요. 몸이 납작하고 둥근 모양의 디스커스는 몸에 줄무늬가 있는 개체도 있고, 없는 개체도 있어요.

영상으로 확인해 봐요!

8화
드디어 발견! 아마존 최강 곤충은?
헌터님이 다급하게 무언가를 건네주었는데,
그건 바로….
군대개미!
네가 나를 찾았다며?
헌터님의 깜짝 선물!
근처에서 군대개미를 봤다고 해서,
얼른 그 장소로 가 보려고 해요!
찾아봐!
나만 믿어~.
군대개미는 집을 짓지 않고 계속 이동하기 때문에,
지금 놓치면 못 볼 수도 있어요.
헌터님을 급히 따라가는 브르!

찾았다!
제발…!
군
대
들켰다!
개
미
멈추지 마!
분주히 움직이는 개미들!
움직여!
드디어 제가 군대개미 군체를 발견했습니다.
감
격
일렬로!
행렬이 엄청 길고,
페로몬을 따라 똑같은 길만 가고 있습니다.
줄 잘 맞춰!
어서 가자!

일개미들이 모여 있는 걸 보니, 알이랑 애벌레가 여기 있을 가능성이 커요.
영차
영차
병정개미가 어떻게 무리를 지키는지 볼까요?
스윽
넌 뭐야?!
콰
악
핀셋을 물고 늘어지는 병정개미!
군체를 지키는 보디가드답게 아주 전투적이에요.
내가 지킨다!
엄청난 턱!
크, 몰려다니는 모습이 무척 멋지죠?
바글
수로 우리를 이길 수 없지!
바글

병정개미가
이 행렬을
지키고 있어요.
듬직!
이 친구가
중형 병정개미일
거예요.
큰 먹이와
물건을 옮길 때
투입될 거고요.

각자의
역할을 해내면서
한 군체를 이루며
살아가는 게 굉장히
신기하죠?
끝이 어딘지도
모를 정도로
긴 행렬이
이어집니다.
샤샤샥
너무나 신기한 자연의 위대한 모습!

방금
풍뎅이를 한 마리
잡아서 먹이로
줬는데,
으악!
풍뎅이
다
모여!
공격!
풍뎅이를 본
군대개미들이 한꺼번에
모여 사냥하기
시작했어요.

일개미들이
여기 임시
휴식처를 만들어
놓았네요!

나뭇잎 구멍에서 나오는 일개미들

여왕 또는
알이나 애벌레들이
있을 것 같아요.

잘
쉬었다!

살짝 열어
볼게요.

휘익

우글 우글

뭐야,
뭐야!

누구냐!

으아, 엄청 많이 쉬고 있었네!

콰 악

윽…!
확실히 힘이
세네요.

감히
날 건드려?

가만
안 둬!

아우,
따가워!

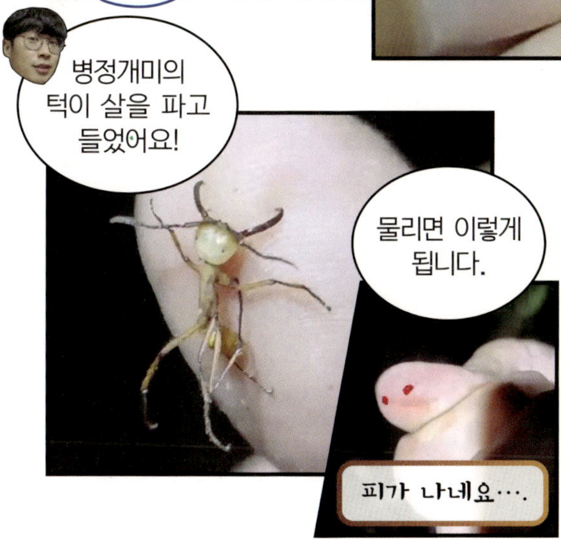

병정개미의
턱이 살을 파고
들었어요!

물리면 이렇게
됩니다.

피가 나네요….

브린이를 위한 아마존 상식

군대개미의 병정개미는 턱 힘이 굉장히 세요. 한 번 잡은 것은 절대 놓지 않을 정도지요. 아마존에서는 상처가 생기면 병정개미를 이용해서 치료하기도 해요. 병정개미가 상처를 물게 한 뒤, 머리만 남겨 두고 몸통을 떼어 내어 상처를 봉합하는 전통 요법이랍니다.

군대개미도 여러 종류가 있는데,
아마존에 사는 친구들은 미국 방랑개미에 속한다고 합니다.
브린이를 위한 아마존 상식
군대개미는 항상 공격 자세를 취하고 있어요. 대열에 방해물이 등장하면 바로 협동해서 공격하기 위함이죠. 그래서 군대개미가 이동하는 대열에 먹잇감을 던져 주면 주변에 있는 모든 개체가 달려들어 공격하는 모습을 볼 수 있어요.
군대개미는 죽을 때까지 행렬을 멈추지 않는데, 유일하게 멈추는 순간은 여왕개미의 은신처를 만들고 지키거나,
야생 동물이 군대개미 행렬을 침범할 때입니다.
와, 달려드는 거 보세요.
적이다! 잠깐 멈춰!
하늘소 번데기
저리 가!
우르르
군대개미는 앞에 지나가는 모든 생물을 잡아먹을 정도니…, 죽음의 행렬이라 할 수 있죠.
장갑을 끼고 행렬을 막아 봤더니…,
우르르
방해물이다! 공격!
스윽
아야! 병정개미가 물었어!
된통 혼난 브르!

군대개미를 만나고 숙소로 돌아온 브르!
뭐가 걸리적거려서 봤더니,
군대개미 머리만….
대롱~
대롱~
신기
와, 더듬이가 움직여요.

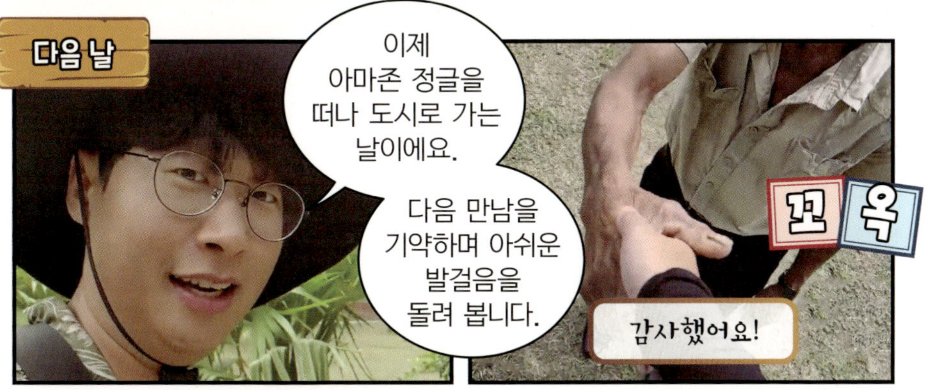
다음 날
이제 아마존 정글을 떠나 도시로 가는 날이에요.
다음 만남을 기약하며 아쉬운 발걸음을 돌려 봅니다.
꼬옥
감사했어요!

조심스럽게 배에 탑승!

이키토스 도착!

정말 즐거운 정글 탐험이었습니다!
뿌듯

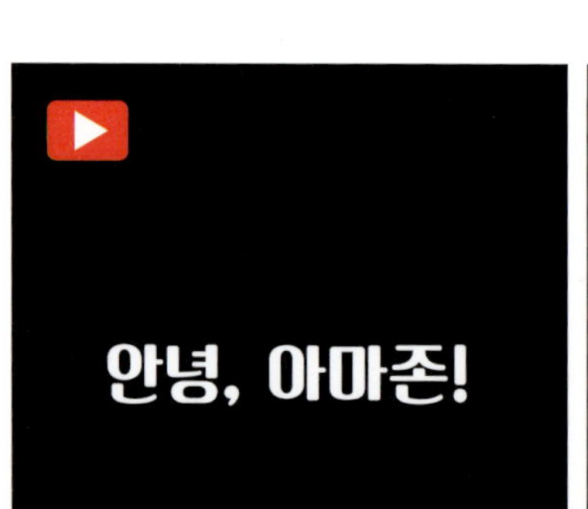
안녕, 아마존!

툭툭이를
타고 페루
이키토스에서 가장
큰 시장에 가고
있어요.

규모가
굉장히 크다고
하는데,
소매치기가
많아서 조심해야
한다고 해요.
와글
와글

본격적인 시장 탐방 시작!
별 모양이라
'스타후르츠'라고
불리는
과일이에요.

브르의 시장 탐방
'오스카'라는 물고기예요.
이 친구는 '파쿠'입니다.
초대형 생선 발견!
저 커다란 친구는 '아마존 캣피쉬'라고 합니다.
와, 검정 옥수수다!
분위기는 우리나라 시장과 비슷한 것 같아요.

좀 충격적인데,
멸종 위기 종인
옐로우풋으로 추정되는
거북도 판매하고
있네요….
걸려 있는 거북의 등딱지….
듣기만 했지
진짜 팔 줄
몰랐는데….
삐약!
귀여운 병아리~!
자연에
풀어 놓고 알만
받아서 먹는 것
같아요.
피라루쿠 고기!
아로와나
우아, 진짜
커요.
직접
잡아 보고
싶었는데~!
충격적인
것도 있었지만,
재미있는
구경이었어요.
저는 이제
코코넛웜을 찾으러
가 볼게요.
쪼옥

브린이를 위한 아마존 상식

코코넛웜은 바구미의 유충으로, 코코넛 나무에 서식하는 벌레예요. 코코넛 나무 속에서 알을 낳고, 나무의 영양분을 먹으며 성장하기 때문에 해충으로 불려요. 주로 튀기거나 볶아서 먹어요.

무사히 끝난 아마존 탐험!

안녕, 아마존!

생물을 사랑하는 생물인으로서 멋진 자연 속에서
다양한 생물들과 교감할 수 있었던
정말 행복한 시간이었어요!

정브르의 생물 탐구

곤충 중에는 사람이 먹을 수 있는 곤충도 있어요.
주로 단백질 보충에 큰 도움을 준답니다.

정브르의 생물 탐구

곤충 이름: 밀웜

대표적인 식용 곤충으로, 딱정벌레인 '갈색거저리'의 유충을 밀웜이라고 불러요. 고슴도치, 햄스터 등의 동물을 사육할 때 먹이로 쓰이고, 사람이 먹어도 되는 곤충이에요.

정브르의 생물 탐구

곤충 이름: 풀무치

시골에서 자주 볼 수 있는 풀무치(메뚜깃과)도 사람이 먹어도 되는 식용 곤충이에요. 주로 볶거나 튀겨서 먹고, 건조시켜서 동물의 사료로 쓰기도 해요.

브르의 숨은 그림 찾기

꼭꼭 숨어 있는 그림 5개를 찾아보세요.

숨은 그림 5개
메뚜기 개구리 전갈 거북 도마뱀

정답

38~39p
브르의 다른 그림 찾기
88~89p
브르의 미로 찾기
미로를 탈출해 도착지로 가요.
출발
도착
140~141p
브르의 숨은 그림 찾기
꼭꼭 숨어 있는 그림 5개를 찾아보세요.
숨은 그림 5개
메뚜기 개구리 전갈 거북 도마뱀

델리키 님!
여신님은 흑화를
완성하셨어요!
뭐라고?
네가 잘못 알고
있는 거 아니야?
흑탑
두둥
아니요!
흑화된 게 확실해요.
왜냐하면….
끙~
여신님이
무시무시한 흑탑에
들어가셨거든요!
7월 20일 출간!
코믹 메이플스토리
언제 어디에서나 원리를 응용하여 문제를 격파하는 수학의 해결사!
수학도둑 95
국내 최초 수학논술만화
응용편
서울문화사
정가 12,000원 | 165쪽
델리키는
흑탑으로
향했을까?
〈수학도둑 95권〉에서
확인해 봐요!
덜덜덜
덜덜